*L*icorne je te sais

Adso

Licorne je te sais

© 2014 ADSO

Editeur : Books on Demand GmbH, 12-14 rond point des Champs Elysées, 75008 Paris, France.

Impression : Books on Demand GmbH, Norderstedt, Allemagne.
ISBN : 9782322034185
Dépôt légal : février 2014

Préface

Monique lise Cohen a fait des études de philosophie à Toulouse. Docteur en Lettres, elle est poète et auteur de plusieurs ouvrages et études sur des thèmes littéraires, philosophiques, religieux et historiques.

Pourquoi a-t-elle commencé par un chant d'amour entre Booz et Ruth ? Elle commence ainsi afin de s'approcher de son chant d'amour – à elle. Quelle audace lui faut-il pour pénétrer ainsi dans l'intimité de l'histoire sainte ! Car on ne connaît rien de l'amour de Ruth et de Booz. L'histoire biblique reste pudique et évasive, et l'on comprend qu'il s'agit d'un enjeu considérable, celui de la naissance du Roi messie. Puisque l'enfant qui va naître de leur union, Obed, sera le grand-père de David, le Roi-Messie.

D'où lui est venue la connaissance de cet amour ? Les mots pour le dire ?

L'ouverture flamboyante de ADSO nous plonge dans les arcanes et les secrets de l'écriture. Ou plutôt, à la manière dont le Zohar nous l'enseigne : le secret se dévoile aux amants de l'écriture.
Elle dévoile avec pudeur et grande force le secret de l'amour qui est aussi le secret de l'écriture.
Ayant apprivoisé le secret de Ruth et Booz presque à la manière du Cantique des cantiques, elle vient vers son amour. Comme c'est bon, la joie d'aimer, dit-elle.

Aime-t-elle ? Réellement ? Qui ? Le nom n'est pas esquissé et ne sera pas connu. Mais l'on devine une présence réelle, forte, aussi grande que le monde, mais aussi précise que le souffle d'un baiser.

Elle parle beaucoup du feu, du ciel, de la couleur bleue. Elle écrit avec des rimes, et à ne première lecture un peu superficielle, on aurait envie de lui suggérer de mettre ses poèmes en musique.

Et puis non ! C'est d'une autre musique qu'il s'agit, non pas spirituelle, mais au sens où Henri Meschonnic parle du rythme et du sujet du poème. Un poème : le maximum de ce que le corps fait au langage et le maximum de ce que le langage fait au corps. Avec sa signifiance propre. Unique.

Car les poèmes de ADSO sont tout autant charnels que spirituels. Disons que c'est une descente irradiée dans la matière des lettres. Sa poésie est élémentale, elle parle des simples éléments, le vent, le ciel, le feu, la terre, l'eau : « Les eaux et le feu, le vent de tes yeux ». Son trait de plume est ici aussi savant et épuré qu'une esquisse chinoise, mais d'une extrême condensation charnelle, comme Merleau-Ponty parlait de la chair du monde.

Ici ce sont les lettres. Et elle sait associer la plume et le papier, l'oiseau et le vent. La lettre et la chair.

Elle sait se revêtir des poèmes de Rimbaud, traverser l'ivresse du bateau et s'accrocher à la chevelure d'ange. Qui est peut-être le nom de son aimé ? Car il était un ange, dit-elle !

De ces noces cristallines, nous revenons avec étonnement, vers la fin, à l'évocation de la colère, du rouge et même de la fureur. C'était le souvenir du deuxième jour de la création lorsque Dieu sépara les eaux. Mais ce fut pour un autre dévoilement. Une eau jubilatoire. En paix, l'eau de l'enfant. Elle dit : « absorbée dans la mer de la tendresse ».

Et les mots du commencement se révèlent à la fin. La croisée énigmatique. Qui est « le chemin de terre en passant par la lumière ».

Réinventer le chemin de terre, après la séparation colérique des eaux, pour que l'enfant – peut-être l'enfant de Ruth et de Booz – naisse de l'eau et de la tendresse.

Le récit éblouissant que nous offre ADSO est celui d'une naissance, d'un commencement. Comme il est écrit : « Au commencement, Dieu créa le ciel et la terre ». En hébreu : « *Béréchit...* »

Booz de mon soleil, de mes nuits,

Tu respires les parfums de ma vie,

Et j'aime le son des étoiles
Plus puissant que l'éclat bleu et pâle.

Cet orage, dans ta forêt
Cette nuit que tu connais,
Tu rallumes la lumière
Tu étincelles à nouveau le feu des prières :

Mon Booz, jamais ne s'éteindra,
Car je veille
Au sommeil
Mon Booz toujours refleurira,
Au soleil de l'inconnu.
Je verse le miel sur le saint nu
De mon amour, de son feu
Et du feu intérieur, le fulgurant jeu
Et ne s'éteint ni le feu, ni la lumière.
Mon Booz est doux, mon Booz est prière
Et j'entends ses pas, gravir au champ de mon cœur

La moisson dans mes bras ne sera que fleurs
Et je vois sa lumière, dans le tréfonds du vaste empire
De ses joies d'amour et de patience,
Là réside la sagesse : le dire
Le connaître, la chance.
Mon Booz, sous les doux arbres de ta maison
Monter en ton sein
C'est comme chanter la floraison
Du sommeil, de ce matin.

Il n'y a plus de tromperie
Il n'y a plus que l'espoir
De la lucidité qui cherche l'infini.
Alors et le jour et le soir
Sera mon Booz endormi
Au doux chemin j'irai le réveiller
Lui parler de la vie
Qui court comme le ruisseau argenté
De tes cheveux que je caresse
Au dernier instant où cesse
Non pas la vie
Mais silence.
Où cesse non pas le feu de Booz endormi
Mais où cesse, le dernier cri de violence.
Laisse-moi être ta première joie
Laisse-moi me bercer dans tes bras

Laisse-moi respirer ton cœur
Et sauve-moi de la douleur.

Mon Booz tu es Plaisir,
Je t'accorde le vent qui se mêle à la douce myrrhe
Et tu deviendras l'océan
Où aucune condamnation : liberté du géant.
Tu es aussi, ce que tu seras,
Plaisir et océan
Joie de l'instant
Mon Booz tu seras là.

Le temps devient
Comme le firmament
Il n'y a plus que tes yeux, tes mains
Que j'attends patiemment.

J'aime tes entrains, ton rythme doux
J'aime ton rythme et ta démarche de félin.
Booz n'est plus endormi dans ce lointain
Il est sur la plage du plaisir, et de ses flous.

Il est là
Il est dans ma mémoire,
Il est là comme une brindille d'espoir.
Mon Booz a le cœur comme un fruit,

Mon Booz a les yeux comme deux feux
Ce fruit est délicat et frais comme une envie
De plonger dans ses yeux.
Pour doucement le prendre, ce feu
Et l'emmener aux matins bleus
Et je t'offrirai les couleurs
De chaque rayon de mon cœur.

Ces éclats de lumière, nous entraînent toi et moi
Dans le lointain sauvage où je respire debout près des Lois
Respire,
Vit et désire.

Je suis près de mon Booz endormi,
Je suis sa première source de vie,
Et de jouvence, en jouvence
La fontaine, enfin aura fait serment de silence
Et de danse en farandoles,
Elle sera paroles.

Booz me parle, et je lui réponds…
Toujours comme le son
Des vagues prés desquelles
Mon Booz aura lui-même choisi nos étincelles.

Quand Booz embrasse Ruth,

Quand il dort et qu'elle à ses pieds rêve,

Le premier rayon de désir glisse et la sève
Monte comme un premier firmament
De Booz endormi ayant terrassé les géants.

Le dernier géant, c'est elle sur ce sol sacré
Alors, plein de douceur et de tendresse.
Il se penche vers cette princesse
Ignore tout de leurs futurs baisers.

Mais ce sera sur ces vallées douces et claires
Que Booz embrassera Ruth.
L'ayant levé jusqu'à ces deux bras qui la serrent
Que Booz embrassera Ruth.

Plus qu'une bouche sur une bouche
C'étaient deux océans qui venaient l'un à l'autre
Les étoiles suintaient du feu éclairaient leurs couches.
Plus que l'un à l'autre,
Ils étaient confondus d'amour
Ils étaient confondus du jour.

Comme un premier feu
Il la portait jusqu'à ses yeux
Et ce corps levé comme une brindille,
Avait dans ses yeux toute une lumière qui brille
Et ce corps souple flottait contre son corps
Et Booz l'aimait d'un amour immense et fort.

De ses yeux à sa bouche, Booz n'a fait qu'un rêve
Il la regarde tendre et à ses lèvres la soulève.
Leurs bouches cherchant dans la confusion, leurs bouches
C'est ainsi que le roi la touche.

Les yeux de Ruth s'étoilèrent
Et Booz tomba en prières.
Le temps les avait réunis
Ruth en portait la vie.

Tout autour était calme et doux
Le vent d'abord, faisait fleurir les couleurs de cette nuit.
On y voyait d'abord les biches, les faons amis des loups,
On y voyait ensuite tremblaient tous les secrets de la vie.
Tu cherches et tu trouves sur la terre sainte
Le souvenir d'un amour de volupté et d'extase tout d'or
Proche et loin des terreurs défuntes
Elle, libre et femme et esclave encore.
Mais ce baiser rendit le roi fou

Et ce baiser porta Ruth au soleil des collines
Le roi tombe à genoux
Et Ruth à son tour, devint divine.

La chaleur et l'eau
Voilà ce que fut leur baiser.
De sa bouche à l'eau
Voilà ce que fut leur baiser.

Le miel et le lait n'ont aucune saveur
Les fleurs du printemps et de l'été
N'ont aucune odeur
Booz en elle, pénétrait l'éternité.

Ainsi, le roi franchissait les portes de son corps
Posant à chaque lumière un baiser et une ardeur
De douceur et plus encore de vie encore.

La femme déposait à ses pieds toutes les fleurs
Que le jour lui avait porté
Doux fardeau de soleil, dans cette clarté
Et aussi la nuit, Ruth concevait en son sein
L'amour de son amour, du matin.
Quand Booz embrasse Ruth à ses pieds délivrés
La mer entière de Galilée se retire
Pour ne laisser que le sable enlacer

Les amants sublimes éblouis que seule l'immensité admire.

Aucune violence, aucune guerre cette nuit là
Le silence de leurs souffles, du fond de leurs corps
Respiraient toutes les Lois.
Il n'y avait aucun péché, que l'or
D'un amour plus loin que le désir
D'un amour plus loin que la fusion.
Ils s'aimaient et oubliaient qu'ils allaient mourir
Ils s'aimaient sans peur de partir.

Elle se couchait tout contre lui,
Il ne pouvait que la porter à sa bouche
Ainsi soulevée de sa couche, Ruth vint à lui.
Puis lui alla sur sa couche.

Et leur baiser devint immense : un lac de feu
Et le lac devint immense : un baiser de feu.
Ils étaient deux au sein de l'infini
Ils étaient l'infini dans un univers bleui
Par le soleil.

Booz de mon soleil,
De mes nuits
Instant de vie.

Quand Ruth aime Booz,

D'abord le lait de son corps s'écoule doucement

Sur les falaises et sur ses pieds
Effaçant les pas des géants.
Tout devient clair : Booz est là dans l'éternité.

Ensuite elle s'est couchée sur la rivière argentée
Où Booz aime s'endormir
Belle et fière à ses pieds,
Elle ne le verra pas mourir.

Les étoiles glissent du ciel pour baiser ses yeux
La lumière dans ses yeux et le feu
Ont allumé dans son être un amour
A la fois réel et féerique et du jour

Où Booth la vit
Le sang et la vie
Ont afflué à la source du Roi
Et plus tard de son deuxième roi.
Où Booth la vit

Ruth offrait le fruit
De ton son corps et de toute son âme
C'était le corps de femme, de Sa femme.

Et sans le dire, tous les oiseaux chantaient
Et sans le trahir Booth et Ruth s'aimaient
D'un amour où tinte l'ivoire
D'un amour où brille le soir…

… Doucement en suivant les courbes du vent
L'or et le blé, terre féconde
Ruth sentait tout ce temps
De vie, au creux de la future ronde.

Quand Ruth aime Booz
C'est la force qui devient oiseau.
Quand Ruth aime Booz
C'est le ciel qui se couche sur les roseaux.

Et les brindilles et tous les fruits
Etaient là offerts, réunis
Pour le festin de nuit
Offerts comme la grâce infinie.

Où le miel sur les pieds
Le lait sur les yeux.

Ruth se donne et avec elle, l'éternité.
Booz de mon soleil, de mon feu.

J'irai apprendre à nouveau le nom des étoiles,
Et je plongerai au firmament de mes ancêtres
Et j'irai retrouver et poserai mes voiles
Aux yeux de mon Booz, et peut-être
Que le vent sera un peu plus fou encore
Et le souffle touche mon corps
Sans jamais éteindre le feu
Que mon roi dépose au creux.

A chaque instant, un amour où je deviens femme
Au creux du tréfonds de mon âme.
Les couleurs et les lys bleus se parlent en silence
Et se racontent l'histoire de ces deux chances :
D'amour, unis sous le même ciel.

Elle le suit
Il se couche sur elle
Elle lui dit
Les mots de l'éternité.
Alors Booth aima Ruth et les jours et les nuits
Les mots de l'éternité.
Et ils se sont aimés.
Personne ne peut oser imaginer
La Force et le sucre de leurs baisers
Personne n'a pu connaître
Ce que Ruth avait choisi de faire naître.

La vie, les montagnes,
L'éternité, les vallées.
Et courent les fleurs des montagnes
Dans les cheveux de son bien aimé.
Et courent les biches et les petits faons
Fragiles, viennent boire dans ses mains.
C'est ainsi que Booz comprit la Raison
De sa présence au creux de ses reins.

Ainsi l'esprit fusionna aussi à son corps.
Et tous les grains de blé et l'or
D'une lumière…

Comme c'est bon la joie d'aimer,

C'est si bon d'avoir ton soleil dans mon cœur,

Et c'est si bon de t'avoir connu de bonne heure.
A l'aube de ma vie de femme,
Tu as mis l'océan dans mon âme.

Comme c'est bon d'aimer un roi ou un mendiant
Comme c'est bon de rester douce comme une enfant.
L'horloge pleine de cristaux,
A portée de plein d'oiseaux.

Au bord de la plage,
J'ai caressé tous mes destins,
Tu as mis des fleurs au rivage,
Juste à tendre les mains, tes mains.

Comme c'est bon, de se sentir tremblante sous l'orage,
Comme c'est bon, de se sentir libre de t'embrasser,
Et je sais écrire les plumes des pages
Qui volent dans l'éternité.
Comme un baiser, la bouche du brasier,

Et le feu, le feu, le feu si fort…
Aimer au fin fond des palais,
Au fin fond des rues du plein Nord.

Et je reviendrai dans la lumière
Chanter à ton cou les mélopées d'éclair.
Parce que le matin au lever
L'eau, l'immense océan est: Bleu, outre mer.

Outre mer, il y avait des roses
Aux embruns et aux parfums
Outre mer tes mains tendues vers mon petit matin
Outre mer, il y avait des roses.
Au bord de notre berceau
L'Amour est né, fou et feu, et fort
Mais calme grand ce berceau,
Protège, protège cet Amour… encore,

Car encore veut vivre,
Car comme c'est bon la joie d'aimer.

S'il faut,

S'il faut écrire

Pour oublier que l'on va mourir,
Alors j'écrirai.
S'il faut t'aimer

Pour continuer à espérer,
Alors j'aimerai.
Pour continuer à aimer,
Alors j'espérerai.
S'il faut créer

Pour oublier…,
Alors je créerais.
S'il faut oublier

Pour créer,
Alors j'oublierai.

Et la plume, et le papier
Et l'oiseau et le vent, dans le feu

Dans l'instant premier
J'écrirai à deux :

Moi avec toi
S'il faut moi
Pour être avec toi,
Alors je serai moi...

Alors j'oublierai...

Et s'il faut t'aimer
Pour te rendre à la clarté

Alors je t'aimerai
Fort,
Et j'espérerai encore
La mort sera chassée.

Ainsi l'oiseau de l'espoir
Sifflant les arpèges du soir,
Me ramènera
Tout auprès du bois...

Ce bois fabuleux, où se cache
La rose du printemps
Où se cache,

La Belle liberté de notre instant.

Ce sera encore un chemin
Pris au petit matin,
Qui guidera l'espoir
Jusqu'à l'étoile du soir.

Naissance ! Et vie, belle enfance
Vie ! Et naissance
Pour tout recommencer
Pour à nouveau créer.

Et oui, j'ai besoin
De tes mains dans le matin
Et oui, tous à qui le rêve porte
Nous avons choisi notre escorte.

De la première
A l'avant dernière étoile du jour
Il y aura comme une prière,
Comme une volée d'amour.

Des oiseaux dans un rêve
Des rêves que portent les oiseaux
Souffler, souffler sur le cortège
Et allumer la flamme, et tanguer le bateau.

S'il faut mon rêve pour te voir
Alors je rêverai.
S'il me faut te voir
Pour rêver,
Alors je te verrai.

S'il me faut tes yeux
Pour mes yeux
Alors tu seras là.
S'il me faut ta bouche
Pour ma bouche
Alors tu seras là.

S'il me faut ta voix
Pour bercer mes nuits
Alors j'écouterai attentivement la vie
De tes bras.
S'il te faut partir
Pour revenir,
Alors tu es parti.
S'il te faut revenir
Pour partir
Alors tu es ici…
Ici, dans le secret de mon jardin.

Alors tu es ici.

S'il te faut la clé pour toucher ma main
Alors il y aura la clé.
S'il te faut ma main pour toucher la clé
Alors il y aura ma main.

Ici, dans le secret de mon jardin.

S'il te faut mon jardin
Pour fleurir dans la joie
Alors il y aura mon jardin.
S'il te faut la joie
Pour fleurir dans le jardin
Alors il y aura la joie.

Mais s'il te faut encore,
Alors il y aura encore…

A la recherche du temps perdu,

<u>Préambule au poème :</u>
    C'est comme un matin qui se lève et qui ne disparaîtra plus jamais, c'est comme un matin que je prends et que l'on ne me volera plus jamais.
    Ce temps qui disparaît et ce temps qui est volé, c'est tout mon temps perdu.
    Alors, je guette les premiers rayons de l'aurore, pour accepter et conserver la Lumière, qui elle seule, génère la vie, Ma Vie.

Si tu savais l'ami, combien de temps j'ai perdu

Ou gagné,
Si tu chantais pour moi, au bout des rues
Debout sur les pavés.

A la recherche des matins que j'aime
Et que je n'ai pas encore vu….
A la recherche de Toi, que j'aime
Et de ce temps qui n'est pas encore venu.
Dis-moi où retrouver le temps ?
Dis-moi que je peux toucher le vent.
Alors je l'aurai retrouvé, le printemps

Qui berce les baisers des premiers amants.
Oui, je cherche à vivre vers demain,
Et demain c'est Toi.
Et je cherche ce matin,
Et ce matin, c'est Toi.

Ne pars plus jamais
Et qu'avec l'éternité,
Tu restes le chant de l'amour
Et au blé des chants, vient le jour.

Si tu savais l'ami, la Lumière que mon cœur te donne.
Si tu m'apprenais l'ami, pour que je fredonne,
Les chants du cœur et du temps,
Toi l'auteur et l'amant
De toutes musiques.
J'attends le magique
De cette note bleue
Qui s'est glissée, parmi eux…

Mais qui sont-ils ?
Musicien de mes nuits
Mais où vont-ils ?
Au soleil de la Vie,
Alors je les suis
Parce que j'aime la Vie,

Et le temps d'aujourd'hui et de demain.
Alors, reste à l'infini.

Et pourtant, il est là
Et pourtant il s'en va.
Mais reste,
Je le cherche comme une queste.

Et pourtant tu es là
Alors à quoi bon tisser le vent
Du temps…
Ton éternité a fait le choix.

Tu as choisi la Vie,
Je l'ai choisie aussi,
Parce que belle, elle est Notre lumière
Parce que belle, elle est Notre prière.

Reviens avec le temps dans les mains,
Je lui donne tous les matins,
Parce qu'il a fallu tes douceurs
Et tes pensées sur mon cœur…

Tous les oiseaux s'envolent,
Vers l'aube du temps.
Car l'oiseau qui vit dans le vent

Portent le jour et mon enfant.

J'ai fait le choix de vivre pour lui,
J'ai fait le choix de vivre pour toi,
A la recherche de Ma vie,
Chaque porte aura ses lois.

Et ce temps deviendra sage et calme,
Et les tourmentes se coucheront à la palme,
Du sourire et du seul regard d'un temps,
Doux et clément, et beau et bienfaisant.

Et les clefs qui volent dans le ciel, se poseront devant ta porte,
Alors le futur qui devient présent, se couchera sur cette porte,
A toi,
Et pour toi.

Le temps deviendra amour,
En attendant, voit le jour.
Et revient te coucher dans mes mains
La lune, alors murmure à demain.

Et tes mots,
Qui se coucheront sur ma peau
Répondront à l'unisson
De ce temps, tous nos frissons.

Qui peut arrêter le sang de notre amour,
Et de ce temps ?
Aucun frisson, tu me donnes le jour,
Et de ce temps ?

La réponse est placée au cœur
De ton cœur.
Alors écoute, la chanson de l'oiseau
L'oiseau du temps, l'oiseau.
Aussi j'apprendrai à voler
Dans les bras de l'éternité,
Parce qu'une fois tu m'auras aimée…,
Alors, emmène-moi au pays du temps retrouvé.

Emporte-moi,
Emmène-moi,
Pour ne plus avoir froid
Et dit moi,

Qu'il y a depuis toujours
Et pour toujours
Le temps,
Le vent.
Je file, le fil
De l'éclat docile
D'un verre qui en se brisant

Libère l'amour de ses diamants.

A la recherche du temps,
Perdu, n'est jamais perdu,
A la recherche du temps perdu,
Là est le temps perdu.

L'amour qui revient,

C'est le matin, c'est le soir

C'est la nuit, c'est le jour.
Les fleurs dans nos miroirs,
Portent le nom d'amour.

Calme et sereine, je m'avance dans tes bras,
Et je sens ton souffle... de vie.
Tu es la lumière de mes premiers pas
Et je sens ton souffle... de vie.

L'amour qui revient,
A pris la clé de diamant,
Pour ce premier baiser
Qui revient dans notre été.

Et tu es là,
Je ne suis que tes bras.
Et à nouveau le feu,
Quand tu regardes mes yeux
Je vois des vagues d'océan,

Je vois des éclairs d'argent,
Des orages et des continents
Des lacs et des arbres blancs.
L'amour qui revient,
C'est d'abord toi.
L'amour qui revient,
N'a qu'une seule Loi :

Aimer… aimer
Toi et le temps
Et si tu m'apprenais
A danser dans le vent ?

Je te rejoins …
Au firmament de mon cœur,
Etoile du matin,
Ta bouche est une lueur.

Tes mains sont des roses,
Je n'attends que ton bonheur.
Laisse-moi franchir et ose,
Atteindre les premières couleurs.

Dis-moi, seras-tu bleu ?
Je ne vois que tes yeux.
La nuit sera or

Notre lit sera encore,
Demain de l'éclat des albatros
Nous chantons ensemble aux portes de Dionysos.
Le plaisir est cet instant sacré
Qui n'arrive qu'une fois par éternité,

Car sais-tu le doux baume de l'amour
Est l'alchimie splendide du jour,
Qui naît
Qui renaît,

Alors, viens asseyons-nous au bord de l'eau
De tes yeux,
Les larmes du ruisseau,
Seront chaudes comme le feu.
Pour réchauffer la Force
Pour éclaircir le Feu,
Tu seras arbre et écorce,
Tu seras, ce que tu es de mieux.

L'amour revient, l'amour revient,
Doucement, il nous prend par sa main
Et nous emmène fleurir au premier souffle.
J'aime ta vie, fleurir au premier souffle.
La peur disparaît
Les félins de la mort quittent mon domaine

Revient et l'Amour et l'éternité,
Pour toi, je me ferais reine.

Laisse-moi être ton matin et ta première eau,
L'amour a soigné le désert sec et cruel.
L'eau est revenue et chantée belle
Le sang a posé le froid et le chaud,
Il n'y a que ton odeur,
Et à chaque heure,
Tu choisis mes fleurs…
Et merveille chassera peur.

Par la lance du fidèle chevalier
Et ce sera l'été
Toute la vie,
Une joie infinie.

Une union comme un rêve qui commence,
Une union comme un cadeau inaltéré,
Une vérité, une prophétie de parchemins sacrés
Un coquillage où les mots dansent.

J'aime et ta vie, et le jour, et la nuit
J'aime et le feu, et l'eau, et Ta vie
Et le jour et la nuit
Et l'eau et le feu de midi.

Tu seras mon rêve et mon désir,
Un cheval et ma promesse.
Tu es le soleil qui oublie de partir,
Et je te donne toutes mes caresses.

L'oiseau-baiser,

Si tu fermes les yeux,

Tu peux entendre le feu.
Quand tu marches sur le sable chaud
Ton cœur s'envole comme dans un bateau.
Tes yeux sont doux comme des oiseaux,
Je peux sentir tes larmes avec ma bouche,
Je peux sentir ta chaleur si je te touche.
Il me suffit de te regarder,
Pour aimer te comprendre et t'approcher
Avec ton âme dans mon corps :
Je pleure au-dessus de tous les bonheurs
Et ces fusées me transpercent.
Je brûle à la moindre caresse.
Toi, mon oiseau majestueux
Tu m'emmènes derrière tes yeux
Et je vois les couleurs du matin
Jaillir d'un baiser sur mes mains.

A la vie

Mon amour, ma maison
J'ai respiré tes clefs au fin fond des prisons.
Tes portes ont toujours gardé
Un tendre courage,
Une douce mélodie.
J'entends le bruit de tes pages
Courir au-devant de tous les abris,
Expirant de très lointaines chansons
Qui écumaient sur toutes les lèvres,
Et dont la vibration a glissé au bout de l'horizon.
Là où le baiser-liberté ne donna pas de fièvre.

L'écriture que tu imposes
A intégré pour toujours le respect,
Et la caresse très enclose
Au sein de l'essence-vérité.
Vitamare, j'entre au beau milieu
De ta ligne ronde comme la plénitude
Semblable aux très innocents yeux
D'un enfant qui cherche la certitude.
Au fond, comme une sérénité
Que tu livres à jamais,
Depuis le commencement jusqu'au point
Rempli d'extase, calme du chemin,
Qui roule au-delà de ton imagination

Dans le but de te conserver
Avec les cailloux qui portent le nom
D'esprit du sol fertilisé.

L'aube je t'aime,

Je sais que demain,

Il sera là.
Le jour qui sourit au matin.
Il sera là :
Avec ses pastels et ses parfums.
L'aube secrète qu'embrase la vie.
Celle qui sourit à midi,
Et se constelle en chantant.
Connaissance de l'amour,
Présent dans ma vie, cadeau ;
L'espoir d'une vie, un jour,
Tout coloré et odorant d'eau,
De mes yeux si je pleure,
Partout en me laissant le bonheur
D'avoir pu chaque matin
Ouvrir les yeux sur mon destin :
L'aube je t'aime.

Nature et vérité,

La nature voulait chercher la vérité.

La vérité était cachée sous un rosier.
Aussi la nature se promenait
Dans le jardin.

Tandis que le rosier
Embaumait tout le matin.
La vérité couleur de romarin
Gisait dans la clarté.
Tandis que ses lueurs s'étalaient
Autour des couleurs du matin.

La femme des îles,

La femme des îles,

Sourit derrière sa fleur
A l'Homme des îles
Qui l'aime comme le bonheur.

Son regard moiré de velours
Laisse présager une grande marche,
L'un vers l'autre courre,
Au loin était leur arche,
A l'un et à l'autre.

Ils venaient d'un continent
Ou surgit ensemble l'un et l'autre
Soleil et matin dans leur sang.

Près de l'eau ils allèrent et sur terre se couchèrent
Chacun séparés, rêvant de s'enlacer.
Quand la femme s'éveillait,

Elle se levait et marchait
Regardant de côté l'homme qu'elle attendait
Qui rêvait d'elle
Comme d'une princesse bienfaisante.
Je la trouvais belle mais rien ne la tente,
Elle le regarde au loin
Le visage tourné
Chaque matin
Et dans son semi-éveil, lui-même tourné
Pouvait discerner
L'amour dans les yeux éveillés.

L'ange qui déchaine,

Dans ces contrées voyageuses,

Il eut des regards et des couleurs merveilleuses,
Dans ces vallées prodigieuses,
Il nous dit n'avoir vu que des roses.
Qui soulevant le vent partaient heureuses
Ses yeux fixaient chaque fleur bleue,
Et il la trouva
La rose bleue du Canada.

Parmi les vallées couvertes du regard Africa,
Il nous dit que c'est un pays inconnu,
Mais à présent ces yeux reflètent les nues
De ce ciel, de cette terre.
Et devant le vent, il fit une prière,
Pour que l'astre pétalé de bleu
Ne se change pas en pierre,
Ne se change pas en pierre.
Car dans le vent voguent les pirates du ciel.

Il décida ainsi de la prendre avec elle
Car il était un ange.

Dans ces contrées voyageuses, il survola,
Dans ces vallées prodigieuses, il s'envola.
Serré contre lui,
L'unique fleur de vie.
Ils n'arrivèrent jamais
Car la vallée les suivait,
Et chaque fois ramenait,
Le vent, la rose, l'ange.
Voilà pourquoi rien ne change,
Sauf le miroir de ses yeux
Transparents et merveilleux.
Car de la nuit, il arrache les ténèbres
Pour faire briller l'étoile bleue.
Il n'y a plus de ténèbres
Il n'y a que les vallées prodigieuses,
Qui ascendantes sont miraculeuses,
Et touchent le ciel bleu marine.

Dans ces contrées voyageuses,
Le ciel n'a pas la couleur sanguine,
Il est presque vert d'aurores boréales.
Chaque être de la nuit n'a pas mal.
Dans ces vallées prodigieuses,

Giratoires et miraculeuses.
Le sol touche le voyage
Et l'ange apprend avec le sage ;
Que la rose bleue du Canada Africa
Doit se multiplier et croître pas à pas.

L'ange la libéra,
Lentement il la berça,
Souffleta,
Chanta,
Dansa,
Parla,
Et un pétale s'envola
Dans un puits
Où transpire la vie.
Le pétale donna son eau,
Le puits but la fleur du pays beau
Et l'ange vint y pleurer
Pour que la rose ne soit pas seule.
De leurs sanglots naquit une fontaine,
Mais la vallée voyageuse
La ramena dans une ascendance orageuse,
Et nul ne sut sauf le vent
Où se trouvent le puits, le pétale, la fontaine.
Et l'ange qui déchaine.

L'homme et la chevelure,

Le rivage s'enfuit devant ses pas,

Il court et trébuche sur des galets.
Au fond de son cœur, l'espoir est là.
Son corps respire, mais saignent ses pieds.

Il regarde au loin l'horizon là-bas.
Il est parti un matin.
De pluies et d'orages bleus.
Il recherche sa petite main,
Il sait qu'elle le rendra heureux.

Mais le rivage n'est que chevelure
Qui s'agite dans le vent, dans le ciel,
Et la main, derrière l'horizon est pure.
Il voudra dompter ces fleurs éternelles :
Avec du bois et des rameaux
Il construit un petit bateau
Et caresse la chevelure dans le bleu de l'azur.

Il vogue vers l'horizon, autour du lac
Sommeille et se rappelle toute sa vie.
Au réveil, les yeux ouverts, le sombre et le noir ;
La chevelure est brune et l'horizon est rare.
Alors au fond de l'eau, la peur le saisit
Il voit Léviathan et autres ténébreuses vies.

Lui, il cherche une main douce.
Il s'agenouille et dans un roulis
Le soleil secoue la marée rousse :
C'est un nouveau jour de vie.
Mais il a perdu sa main
Et la chevelure joue avec dans son jardin.

Alors il fabrique un piège
Fait de larmes et de souvenirs.
Il capture l'étoile qui l'assiège
Et désormais guide son avenir
D'une main,
La deuxième main est son destin.

Rimbaud,

Cheveux d'ange au bord des cils,

Sourire d'enfant, triste, fragile,
Beauté d'enfant sans prénom,
Identité clarifiée dans les roseaux,
Beauté flottante parmi les joncs.

Ô toi, Rimbaud
Tu vis tout ce qui n'était pas,
Pour que l'on vive tout ce qui est,
Tu choisis toutes les heures
De tes voyages
Pour que l'on refuse d'être sage :

Tu choisis un bateau,
Ivre, ta raison le dessina,
Tu choisis son heure,
Il fut un culte et un soir
Où sans raison tu fus illuminé.

Voyant mais maudit ce soir,

Tu quittas les contemplations
Pour gouter le fruit sauvage
De l'ésotérisme des astres en fusion.
Tu ne fus plus sage
Et quittant l'école
Tu t'envolas vers l'Afrique folle.
Qui ne t'aimas pas ?
Ne te détestas ?
Tu choisis les mots :
C'est l'éternité
Avec le soleil allé.
Tu dis les mots
Que pleurèrent
Ta sœur et ta mère.

Ode à la lune,

Que le sang des lunes profondes et ancestrales
M'atteigne comme une nuit boréale.
Que le rouge et le violet,
M'emmènent voyager,
Pour atteindre l'extrême de ma douleur.
Alors je chevauche la marée vers son aide.

De mon élévation, je retiendrai
La douleur sombre et glacée,
L'espoir fragile et fugace :
Et quand le soleil enfin se lèvera
Je dirai avoir traversé la glace
Qui mène à la frontière de mes pas.

Naissance d'une nuit,

Il y avait ces collines pleines de feu,

Où s'en allaient les baisers de la nuit.
Les femmes offraient au rouge leurs robes bleues,
Et elles laissaient de leurs gorges flamber le midi.

La terre rose et jaune et semence d'or,
Comme une ode à la braise qui féconde encore,
Enfance du paysage vierge et mûr à la fois.
Il connut au travers de la chaleur, elle et toi.

Cet amour, entre la terre et l'amour,
Les couleurs étalées sur lui ;
Les robes brillantes à minuit,
La terre d'argile, chaude et colorée,
Parût renaître plus belle encore
Que le jour où elle fut née.

Les anges

Regarde le vent et cherche pourquoi les rideaux volent

Regarde la flamme et cherche pourquoi, elle devient folle.

L'ange te traverse et respire ton âme fragile
L'ange chante et éloigne les miasmes débiles.

Il n'y a plus que cette lumière
Et moi j'aime encore
Lumière divine
Donne encore, reste pré de mon corps.

Besoin de ton souffle,
Ange chante et tournoie
Où vont tes souffles ?
Attends… ne me quitte pas.

Le feu, le dieu et le roi,

J

'ai rencontré un ange du nom de Matitia,
Il m'a présenté le feu, Dieu et le roi.
Des trois ma Vie, c'est toi…
Ton feu est là, enfoui là
Dieu peut-être nous juges bons,
Et le Roi, c'est Toi.

Qu'importe la nuit, qu'importe le jour
Puisque je connais l'amour
Qu'importe Les Lois
La mienne, c'est toi.

J'aime ce balancement de ton corps
Quand tu regardes quelque chose que tu aimes.
Comme si ce déhanchement pouvait t'aider à suivre le chemin, vers mon accord
Et mon amour te suit jour après mort.
Il n'ya pas de fin, Matitia,

Nous nous sommes connus
Sandrine et Matitia
Ta main, dans ma main nue.

J'ai vu les étoiles
J'ai vu ton sourire,
Et je t'attends sous la toile
Et dans tes bras m'endormir.

Puis l'étoile est venue
Avec tes mains, avec ta bouche
Et j'ai frémi sous les nues
Parce que tu m'as porté jusqu'à couche.

Au bout du monde, il y a une femme qui pense à toi,
Et là où tu seras, tu m'oublieras
Tandis que ta Force et ta douceur
Envahiront tout mon cœur

30 battements la minute, de façon régulière
Voila comme il lutte le cœur
Je ne lutte pas
Je pense à toi.

Et je rêve à ces ballades qu'on pourrait faire
J'aime ces rires en duo vocal, Et j'aime tes éclairs.

Le monde a besoin de prières,
Je t'envoie mes nuits et mes jours de lumière.

Je t'envoie mes rêves bleus
Perdus sur les cieux
Et tu tends la main pour les attraper
Et tu perçois l'éterntié

Je dors et je vis,
Sur les sentiers
D'une vie
A nos doigts mêlés.

Le feu est venu
Dieu est venu
Le roi est venu
Et toi… tu es venu

Pourquoi, vers moi ?
Tu es à la fois le feu et le roi.

Une fée dans le vent

Rencontrée un soir de printemps,

Elle m'a regardée
Et je suis revenue, comme un enfant,
Elle m'a embrassée.

Comment vous dire ?
Sa beauté,
Nous ne savons mentir
Et ses yeux deux émeraudes éclatés…

Des millions de fragments qui vous pénètrent.
Ses mains sentent votre âme
Tu l'aimes, elle t'invite et tu entres
Elle est fée avant d'être femme.

Je crois que je suis son amie
Je crois en sa vie,
Et ses ailes diaphanes et transparentes
Traversent et remplissent et chantent

Le feu, l'espace et le temps
Elle m'a recueillie,
Elle m'a sourie

Ses yeux clairs rivalisent de plusieurs fronts
A la fois violente, elle sait protéger.
Sa souffrance s'est envolée
Car elle connaît les secrets
Au centre de ses cheveux blonds.

Le diadème de l'amour m'a appelé
J'ai ouvert la porte du sentier
Et j'ai senti de la chaleur
J'ai pénétré le jardin fruité.

Et j'ai reçu le baptême et les lois des fées.
Et surtout une vague qui frémit de mes mains à mes pensées.
J'ai choisi de lui écrire
Car le sacré se fait rare, et pour le présent avenir.

Plus de temps, plus de danger
L'intemporel a dit Oui
Oui, comment trouver
Cet Amour qui sauve des vies ?
Je suis assise sur une pierre et je l'attends,
Je suis sur un rocher au bord de l'océan,

Je suis comme les feuilles dans le vent,
Je serai une femme le jour d'un enfant.

Que les ténèbres s'effondrent Booz s'est réveillé,
A midi, à minuit Cette femme a été fée
Peut-être à cause de ses yeux
Peut-être à cause de ses cheveux envolés
Comme des fusions d'éclair
Comme des chemins de prière.
Tu sais, il faut croire aux fées…
Sinon, elles meurent les fées.

Et comme tous les enfants
Je ne veux pas les voir partir
Et comme tous les enfants
Elle m'a appris à sourire.

Sa présence est chaude et bleue
Elle est cette vague de feu
Elle est la gardienne des mystères
Elle est toujours en prières.

Elle est beauté
Et simplicité.

On ne la rencontre qu'une fois

Parfois, juste une fois,
Parfois, encore une fois
Te reverrais-je encore une fois ?

Je sais qu'un jour je me promènerai avec elle
Dans ces vergers, ces clairières si belles
Là elle trouvera un domaine qui m'appartient
Mais je lui ferais promener ses mains…

Sur cette terre,
Sur cette pierre
Elle saura à son tour comment je m'appelle
Et nous pourrons voir si la licorne est belle
Comme le jour
De mon amour.

Le vent ne saura où aller
Le feu ne saura quoi brûler

Et pour nous remercier
Je promets, ce soir
D'écrire à satiété.
Je promets ce soir
D'être l'amie de la licorne.
Elle sera là, près de la fontaine,
… Autour d'elle aucune haine

L'à voir, juste une licorne.

Et si tu prends ma main,
Tu viendrais avec moi, demain.
Et si j'enchante bien la forêt
Retrouverais-je mon bien-aimé ?

Alors, les oiseaux seront ni bleus, ni blancs
Alors les serpents seront chassés par le vent
Et la Joie
Sera.
Chère fée, j'ignore tout de toi
Quelle est ta première loi ?
Comment te nomme t on ?
Quelles sont tes passions ?

La clé, la petite clé…
… de ce soir de printemps.

Et les ténèbres s'effondrent

Pardon de t'aimer, toi Lumière,

Pardon de pleurer, toi prière.
C'est vrai j'ai trop attendu
Le calme est revenu…
Après la tempête.

Et le voilier s'est couché sur le rivage
Là où ; mon sourire te sourit
Et la nuit protège les enfants sauvages
Là où mon sourire te sourit.

Je t'envoie des baisers
Je te frissonne bleue et rouge
Et l'instant devient éternité.
Comme une statue qui bouge
L'Amour est devenu profane,

Alors j'attends, perdue dans la forêt
Et j'irai trouver le vent d'été
L'Amour est devenu profane.

Quel est ton sourire ?
D'où vient ta lumière ?
C'est l'éclat du rire,
C'est le soleil d'hiver.
Comme je t'aime lumière
Comme je t'aime prière.
Tout s'est posé
Aux pieds de l'océan fatigué.

Les voiles caressent le sable
Comme un lit, un mur d'érable
Et je te souris
Et l'enfant aussi.

Tu choisis le rouge ou le bleu ?
Tu choisis le vent ou le feu ?
Pardon pour la lumière,
Pardon pour la prière.

Je t'aime et je t'attends
J'ai choisi le vent,
Parce qu'il me porte à tes bras.

Je propose la fin des temps
Un dernier soleil couché au-delà
Des horizons, des matins et des printemps.

Oui, le vent dit oui,
Parce que le cheval est bleu
Parce que l'éclat aussi bleu,
Te transperce de lumière

Les ténèbres s'effondrent.
C'est ta vie qui revient
Les ténèbres s'effondrent
C'est ma vie qui revient.

Un nouveau soleil dans notre ciel
Un bouquet de roses et d'étincelles,
Les yeux fixés dans le firmament
De tes rêves d'enfant.

Tu es mon premier jour
Tu es mon dernier jour
Les ténèbres s'effondrent
Les ténèbres s'effondrent.

La rencontre et la lumière

En pensant au soleil, j'en appelle à la Lumière

En pensant à la lumière, j'en appelle au Soleil.
Et cette rencontre de clarté... sous la pluie de la terre
Ramène le matin à ces premières merveilles.

Et tournent et farandolent,
La nuit des rossignols
Et dansent et voltigent,
Et...les étoiles laissent leurs vertiges.

C'est exactement le premier arc en ciel
Et ce sera elle, la plus belle dame
Qui chanterait et goûterait tout le miel
La rencontre du sucre et de la flamme.

Cette lumière me rapproche de ce soleil
Et c'est promis, j'irai jusqu'au ciel
Cette rencontre à la fois midi
Cette rencontre à la fois minuit.

Pour retrouver confiance,
J'en appelle au soleil.
Pour retrouver confiance
J'en appelle à la lumière du ciel.

Et j'attends la nuit en même tant que le jour,
Parce que la lumière est amour
Et que toute cette lumière a eu envie
De donner vie.

Laisse-moi t'aimer, te dompter, te garder… te toucher,
Toi lumière, toi amour : je t'appelle vérité ?
Et le feu pénètre le Sacré
Comme le sacré devient éternité…

Grâce à la lumière, qui de ses ailes
Atteint le cœur, nos pensées les plus belles.
Et je serai ce voyageur de la rencontre à la lumière
Pour les déposer à genoux à terre.

Alors, la nuit, pleine de pénombres s'éclaircira tout doucement
Et la rencontre se fera en fête, en farandoles, en jeu galant.
Qui parmi les fleurs, montera au ciel
Rejoindre le ciel de ton ciel.

Nous avons tous une part du même ciel

Mais à chacun, sa merveille.
Et si j'ai choisi la lumière
C'est à cause de la prière.

Première prière, parce que premier amour
Et premier chagrin.
Première des premières, chante le tendre jour
Et recherche chaque matin.
De la lumière à la lumière
L'obscurité peut s'éloigner.
De la lumière à la lumière
La rencontre se fera au parvis des secrets.

Secret plein de lumière,
Conduit moi aux aubes
Ta couleur de voile et de pierre,
Tu me verras dans ma première robe.

Et je chercherai sa couleur,
Au premier champ
Des premières lueurs
L'espoir d'un enfant

La lumière et moi marchons main dans la main
Et cette rencontre se fait au bout du petit chemin.
Traversons les ruisseaux !

Allumons nos bougies !
Rejoignons les bateaux !
Découvrons la vie !

Et surtout sachez lui dire
A cette lumière, l'amour de l'avenir.
En un mot :
Savoir dire merci,
En un sursaut
Savoir aller plus haut :

Car la rencontre de la lumière
Exige l'authentique pierre
Qui protége l'entrée des secrets
De lumière en vérité.

Le chemin sera sûrement un jour aux pieds des hommes,
Alors...
Il faudra d'abord que tu le nommes
Puis des paroles d'or :

Oui
Merci
Reviens ...
Demain matin

On attend tous un ange

Qu'il ait les yeux gris ou bleus

Qu'elle ait des cheveux de jade et de feu,
Ils sont là en haut de l'escalier
Va les chercher, dit la voie, va les chercher.

Je t'attends, d'abord parce que je sais que tu es là
Et que tu es la réponse derrière le paravent,
Toi, dans les cieux et l'au-delà,
Les fleurs se réunissent dans les mains des enfants.

Tu portes et l'éclair
Et le tonnerre,
La lumière
Et la prière

Si tu me donnes, moi aussi je prends
Et je le dis, là aujourd'hui, je t'attends
Comme les fous perdus
Comme le matin au bout de la rue.
Tu es, ce dont tout le monde a besoin,

Tu es l'ami, l'ange et l'amour
Tu es mon unique royaume, là d'où tu viens
Les fontaines coulent au cours du jour.

Et c'est là que tu te caches, plein de secrets
Et c'est au fin fond des bois
Que tu la verras
La licorne des premiers instants rêvés.

Des yeux à tes yeux, se resserre l'espace
Dans lequel tes cheveux volent
Sans peur sans phare et sans trace
La nuit qui tombe restera folle.

Alors le gardien dira : Va les chercher
Là haut en haut des escaliers.
Sans peur, sans phare et sans trace.
Tu chercheras à fuir ces vertiges de glace.

Alors je m'assieds au bord de la fontaine,
Et je frôle les chimères,
Les fleurs, les jardins et les campagnes primevères.
Là où les enfants jouent sans peine.

Le feu qu'il y a en toi, me rejoint et tu reviens
Dès demain,

Un ange, une lueur blanche avec des ailes,
Et le jour passe vers tes étincelles.

Bouquet de feu, tu chantes des louanges lumineuses
Que notre cœur apprend.
Sans aucune partition juste heureuse
Et tend la main le diamant

Du premier secours.
Ma mémoire se souvient,
Cette rue, ce matin, ce jour
Licorne, de mon lendemain.

KOTEL

Le jour était beau et bon

Et j'ai senti ton prénom, Kotel.
C'est ainsi que l'on t'appelle
Et devient ma Raison,

Tant de beautés,
J'ai ressenti ton éternité,
Tant de lumière
La simple prière…

D'un peuple d'amour
Merci toujours
D'être là,
Tu brandis l'éclat

De son amour
De sa ferveur,
Une larme un jour,
De ce respect, vers un bonheur…

Mur tu t'élèves
Jusqu'aux portes des cieux
Et l'étoile de mes rêves
Brillent sur la pierre de Dieu.
*
Le jour était sans horloge,
Et j'ai pleuré ta splendeur,
Et tous s'interrogent,
Quelle heure…

Et quel temps
T'as dessaisi de notre amour ?
Destruction un soir sans vent,
Tu rejoins sa gloire pour toujours,

Tu subsistes,
Tu persistes.
Fort de milliers d'anges
Le temps pose cet étrange
Pouvoir
Que d'unir
Kotel
Au ciel.

Merci d'aimer
Merci de porter

Encore les pierres,
De la noblesse et fière…

Etoile et mur
Sont la lecture
De la lumière universelle
D'Israël.
Et mes mains sur toi
Et mes yeux éblouis de ton éclat
Le temps ne te cherche pas,
C'est toi,
Qui reste parmi les tourmentes
Et tu promets des enfants
Qui dansent et qui chantent
Dans la douceur de tous les instants,
Qui ont caressé ta blancheur infinie
Ton émotion et ta vie.
Et j'ai senti
Mon cœur au sein de ton esprit.

J'ai emporté ta vision comme un trésor
J'ai gardé ta lumière et m'éclaire encore.
Redonne l'espoir
D'une terre pure et d'ivoire.

Kotel dors dans les bras de Jérusalem…

Et tu reverras la joie
De ton peuple, danser avec ses lois,
Dans des chants et deux cœurs qui s'aiment.

La vie est toujours plus forte
Mais ce coeur qui bat là,
Frappe à la porte
De nos premiers pas.
Et vers toi je reviendrai
Humble et fière de ta beauté.
A présent je te garde,
Sur le chemin où seul s'attardent…

Les promesses…
Alors ?
Reviennent les caresses,
Les soleils d'or ?

J'ai chanté en mon âme,
Ce jour là,
Et j'ai vu la flamme
Qui ne brûle pas…

Et le vent qui passe devant
Lui-même prend son temps,
L'amour

Et son Amour…

Se mêlent dans le jour
Tous unis.
Partagent une vie,
Donnée par l'Eternel…
Kotel…

Et qui sait,
Quand je te reverrai ?
Et poserai mes mains sur toi ?
Inondé des lettres, et de la Torah ?
Aucune Raison, aucune folie,
Ici,
Juste le silence de Dieu
Et l'Homme et la Femme, deux
Créatures

Au bord du mur.
Au bord de l'amour
Et de cet infini jour
Où je tremblais pure ;

Devant ta merveille… d'amour
D'amour…

Le temps des licornes

Le temps de la licorne n'est pas le même,

Que celui de l'homme qu'elle aime,
On dit qu'elle préfère chanter
Et mourir que s'en aller…

Loin de la clairière
Et de sa lumière.
Elle veut apaiser
L'homme de l'éternité.

Et la licorne attends
Mais au bout du temps…
Elle va partir
Loin de cet avenir.

Elle aurait voulu entendre les sons
De sa voix,
Et partir vers l'horizon
Avec ce compagnon.

Elle aurait voulu voir son sourire
Avant de partir.
Mais amoureuse de la vie,
Elle cherche et attend à l'infini.
Elle attend en silence
Et ne livre plus ses secrets
Car le vent a pris dans l'errance
Un amour espéré.

La plus belle image :
Tu peux la voir sage…
Assise près de la fontaine
Redoutant le pas de la reine,
Qui lui volera ce guerrier.
La licorne, maintenant
A peur du temps et
Tremble sous le vent.

Qui connaît
La fragilité
Des douces licornes,
De la dernière licorne.

Les ruisseaux qui la protégent
Renvoient le son muet
Des amours sur les berges,

De ses flancs et de son éternité.

La musique invite son amour
La nuit invite son amour,
Mais qui peut voir son chagrin
Quand au bout du matin,

Le temps lui aura tout repris :
Amour, silence et nuit,
Sans amour,
Affronter le jour.

Le silence des licornes claires
T'appelle, pour recommencer
A chanter dans l'unisson de la prière
Dans le feu et dans la nuit, de l'espoir qui renaît.

Chaque instant,
Elle pense, elle aime
Elle attend,
La licorne aime.

L'inconnu
Et le mystère,
Le destin nu
D'une vérité,

Que seul l'Amour sait…
Alors, elle attend.
Puis…Elle se fera éternité
Et partira en quête d'un nouveau temps.

Cherche et trouvera
Celui qui saura
Lui épargner
L'insulte du silence et de l'éternité.

Mythologie amoureuse

Plus le soleil monte

Et plus mes yeux dansent
Je cherche cette lune qui sans honte
Dérive aux fontaines d'enfance.

Elles étaient bleues, elles étaient rouges
Déjà j'aimais tes ardeurs et tes sourires.
J'ai poursuivis cette terre qui bouge
J'ai flâné le chant de tes rires,
Et j'ai aimé, et la pluie, et le feu
Et j'ai pleuré parce que c'était trop bleu,
Trop bleu,
Pour mes yeux.

Danser, chanter, marcher près de toi
Je suis mes sentiers d'enfant.
Tu es venu, Homme et enfant à la fois.
Je t'aime dans ce terrible vent.
J'ai peur de tes chagrins et je veux soigner

Tes larmes.
Dis, tu viendras m'aimer
Clandestinement sans armes ?

Le feu brule le parchemin
Où est écrit le secret du matin.
Les voiles s'effacent
Sur nos traces

Où sommes-nous ?
Au pays des fous
Royaume des amants
Qui rêve de leurs ardents
Baisers, caresses, tous ces désirs.
Qui font que je t'ai choisi avant de partir

Qui, mais qui donc me donnera la mer ?
Qui, mais qui donc me donnera la main ?
Enroulée dans la glèbe de la terre
Il y avait cette fois encore beaucoup de clarté
Jaillie d'un titan et d'un colosse de terre.
J'ai eu peur de t'aimer

Et je danse et je danse
Et. …
Je viens contre toi

Et je danse dans tes bras.

Chance
Amour d éternité.
Guenièvre aurait pu rester là bas.
Je m'élève pour toi
Au sommet de tes désirs
Ou de celui que tu préfères
Au sommet du premier rire
Cristal à moitié fou, tu nous parles de cette terre.

Où j'ai suivi tes pas
Où je me suis glissée dans tes bras.
J'ai découvert l'océan en toi.
J'ai découvert l'orgueil des rois.

Mon cœur chamade,
Mon cœur chamade.
J'ai peur.

Table des matières

Booz de mon soleil, de mes nuits,... 11
Quand Booz embrasse Ruth,... 15
Quand Ruth aime Booz, ... 19
Comme c'est bon la joie d'aimer, ... 23
S'il faut, ... 25
A la recherche du temps perdu,.. 30
L'amour qui revient,... 36
L'oiseau-baiser, ... 41
A la vie 42
L'aube je t'aime,... 44
Nature et vérité,.. 45
La femme des îles,... 46
L'ange qui déchaine, ... 48
L'homme et la chevelure,... 51
Rimbaud, ... 53
Ode à la lune, ... 55
Naissance d'une nuit,.. 56
Les anges 57
Le feu, le dieu et le roi,... 58
Une fée dans le vent 61
Et les ténèbres s'effondrent... 66
La rencontre et la lumière 69
On attend tous un ange 73
KOTEL 76
Le temps des licornes 82
Mythologie amoureuse 86